Die Stille verschweigen

Gunther Klosinski

Die Stille verschweigen

GEDANKENSPLITTER, GEISTESBLITZE

Mit einem Nachwort von
Christoph Fasel

KLÖPFER&MEYER

*Für
Michael,
Matthias,
Michaela,
und Susanne*

Wer die Stille verschweigt,
kann ihrem Echo nicht lauschen

Vom Reden und vom Schweigen

Dichten

Alten Gedanken nachhängen,
um neue Gedanken zu erdenken.

Vorsorge treffen

Beim Sündigen die Hölle mitdenken.

Ein Gedicht schreiben

Eine brennende Frage in
einen Schwelbrand verwandeln.

Fahneneid

Öffentliches Gelöbnis, aufkommenden
Ungehorsam standrechtlich erschießen
zu lassen.

Meditieren

Blicke blind zusammenfalten und
ihnen zuhören beim Rascheln.

Das Schwerste

Ballast finden und abwerfen
für den täglichen Höhenflug.

Tiefste Wahrheiten
In Lügen verpackt,
machen erregend neugierig.

Worte
Sie verlieren die Spur,
die das Schweigen gelegt hat.

Vom Suchen und Finden
Wie kann ich vergessen, suchen zu müssen,
um mich dem Finden anheim zu geben?

Tröstlich
Wir sind nicht die ersten, die nicht mehr
wissen, was sie vergessen haben.

Fortschritte
Sie schließen den Zutritt
zum Abtritt nicht aus.

Kunst
Offengehaltene Leere, die umarmen
möchte in der Hoffnung, verstanden
zu werden.

Wogegen der Traum sich sträubt
Die so genannte Wirklichkeit als einzig
wahre anzuerkennen.

Der Wunsch des Traums
Die mit anderen geteilte Realität
ad absurdum erklären.

Kunstgenuss
Das Geheimnis, sich berühren zu lassen,
um zu begreifen.

Ein Gedicht
Entlassene Worte, die ihre Reise antreten,
ohne zu wissen, wo sie ankommen.

Terrorismus
Eine Idee zum Leben bringen
durch Sterben.

Mediendiktatur
Überflüssige Worte nehmen überhand,
notwendiges Schweigen bleibt aus.

Umfassendes Schweigen
Hohle Hände zum Hören offen halten.

Raub-Mensch
Sein Streben ist es, von der Beute
nur abzugeben, um vom Raub anderer
verschont zu werden.

Eingebildet weise sein
Immer das letzte Wort haben müssen und
es so leise flüstern, dass niemand es hört.

Einfall
Sternschnuppe, die aufleuchtet,
nachglüht und berührt.

Ideologe
Einer mit der Fähigkeit zu hohlen Gesten,
die die Welt umspannen.

Phrasen
Worte, denen es verboten wurde,
sinnvoll in der Tiefe zu wurzeln.

Wahre Duckmäuser
Scheinblinde, die sich mühen,
ihr Wegsehen vor der Enttarnung zu retten.

> *Nackte Wahrheit*
> Sie lädt ein, verführt zu werden.
> Zum Wegsehen.

Neufassung von »erst die Arbeit, dann der Lohn«
Der Versuchung so lange wie möglich
standhalten, um ihr dann endlich bedingungslos
zu erliegen.

> *Wahrer Pessimist*
> Einer, der mit Freude daran glaubt,
> dass alles schief geht.

Drei Dinge, die zählen (Drei-Ewigkeit)
Die Stille erlauschen,
das Unsagbare verschweigen,
das Unsichtbare verhüllen.

> *Nachdenklicher*
> Jener, der sich erahnen kann.

In Sachen Vorurteile

Traue den Reden deiner Vorurteile nicht.
Auch dann nicht, wenn ihr Echo umso
vernehmbarer wird, je besser es sich an
Unwahrheit und Unkenntnis bricht.

Fraglos

Wer nicht fragt, wird bald nicht mehr
gefragt.

Glück und Leid

Wer mehr von beidem erlebt,
hat es schwer, es zu ertragen.

»Second Life« und seine Grenzen

Die Relativierung der realen Welt durch
»Second Life« gelingt immer nur so lange,
wie man Hunger und Wasserlassen noch
weiter unterdrücken kann.

Aphorismen

Mit Fallschirmen abgebremste
geistige Geschosse.

Trugbild

Sage mir, wer dein größter Feind ist,
und ich sage dir, wen du am meisten bewunderst.

Das Glück des Pessimisten

Er merkt nicht, dass sein Risiko,
vom Glück verlassen zu werden,
mit jedem Augenblick steigt.

Wahrheitsfanatiker

Einer, der die Wahrheit nackt an
den Pranger stellt, um sich nicht zu entblößen,
dass er nur die Lüge kennt.

Hehre Gedanken

Aus Luft gewebt. Von Irrlichtern geleitet.
Den Winden untertan.

Sanft- und Heldenmut

Sanftmut, die bewahrt, ist edler als Heldenmut,
der zerstört.

Zeitgeist

Der Geist, der mit den Wölfen heult
und mit den Lämmern blökt.

Der Aphorismen Wunsch

Die stets neuen Versuche, den Widersprüchen
und Ungereimtheiten des Lebens auf die Sprünge
zu helfen.

Späte Erkenntnis

Allein durch das Ausprobieren von
Sackgassen wird der Irrgarten vertrauter.

Wahlfreiheit

Es ist gleich gefährlich für den Geist, eine
eigene Meinung zu haben oder keine.
Glücklich der mündige Bürger, der beides
zu verbinden weiß.

Vom Wesen des Feigenblatts

Tarnen und Täuschen ist für den Geist
so nützlich und aufregend zugleich,
wie das Bekleiden und Enthüllen für
den nackten Körper.

Wegseher

Der Wüstenwanderer, der das Pech hat,
die Oase zu verfehlen, um so seinem Glück
zu entkommen.

Schwerwiegend

Verlorengegangenes zu ertragen, wiegt schwer.
Hinterlassenschaften ohne Murren aufzunehmen
noch schwerer.

Vielredner

Menschen, die viel reden und dabei
vergessen, dass sie über sich selbst reden.
Wer hat sie gefragt?

Zwei Aufgaben lebenslang

Unaussprechliches zur Rede stellen.
Unfassbares ergreifen.

Weisheit des Faktischen

Wir verdanken unserer Schwäche mitunter
ihre Stärke, dass sie unsere Schwäche nicht
vergisst.

Glücksgeheimnis

Großes im Kleinen zu erkennen vermögen.

Unterlassene Hilfeleistung

Wenn Wegsehen und Stillschweigen
zum Himmel schreien.

Vom Schweigen-, Hören- und Sehenlernen

Die Augen schließen, um das Schweigen
zu hören.

Fast beste Gedanken

Gedanken, die einem neu zulaufen und
anderen meist entlaufen sind.

Versprechen

Erste Vorbereitung zur späteren Entscheidung,
sich versprochen zu haben.

Aufrichtiges Gelöbnis

Versprechen, sich immer wieder daran
erinnern zu wollen, dass man etwas
geäußert hat, was kaum zu glauben ist.

Gerücht

Übergriffig gewordene Anteilnahme.

Vom Ziel

Manch einer findet das Ziel,
indem er den Weg verliert.

Von Schuld und Unschuld

Lieber an der Schuld reifen, als an
der Unschuld verarmen.

*Voreilig zuvorkommend ist auch nicht
immer gut*

Der Donner, der vor dem Blitz grollen
will, hintergeht das Schweigen danach.

Fan

Einer, beseelt von dem Wunsch,
epidemisch zu werden.

Zufallende Gedanken

Die besten Gedanken entfallen bereits
wieder, bevor sie Zufall werden.

Nachdenken

Innehalten zwischen Ebbe und Flut.

Vom Wert der Zeitvergeudung

Die Zeit, die dir nichts bringt, befreit
von zusätzlichem Ballast.

Ratschlag

Versprich weniger, als du halten kannst,
dann vergibst du nicht mehr, als dir später lieb ist.

Altern

Talfahrt zur frühen Heimat.

Vom Wunsch nach Ausgleich

Es fehlt an genialen Verfehlungen,
um Makellosigkeit wieder auszutarieren.

Die Zukunft der Welt

Von unterlassener Hilfeleistung getroffen
und von angekündigten Absichtserklärungen
bedroht.

Einsicht in einen riesigen Fehler

Wenn Lüge barmherzig wird und
Wahrheit gnadenlos.

Humorist

Einer, der den Teufel an die Wand malen
kann, so dass dieser beim Anblick
seines Konterfeis schmunzeln muss.

Sonnenfinsternis

Seltener Versuch der Erde, sich so in
den Vordergrund schieben zu müssen,
dass alles Irdische in den Schatten gestellt wird.

Die Verpackung macht's

Die nackte Wahrheit ist selten verführerisch,
weil nicht aufreizend. Die Lüge besticht
und betört oft durch ihr Feigenblatt.

Worte

Spuren hinterlassen, nach- und widerhallen.

Fotograf

Augenzeuge, der Schmauchspuren
hinterlässt.

Zueinander stehen

Gemeinsames Elend
und gemeinsamen Erfolg
gemeinsam teilen.

Burka

Ein Tuch, das alles verhüllt und
damit alles offen lässt.

Skeptischer Gedanke

Sich mit dem Glücklichsein abfinden,
wenn Unzufriedenheit es uns ermöglicht,
über uns hinauszuwachsen?

Gretchen-Frage

Was ist schlimmer:
An Nichts zu glauben
oder an etwas Anderes?

Laster

Jene Lüste, die die Menschen,
über das Notwendige hinaus,
dem Leben abgewinnen wollen.

Fragen an die Zeit

Was haben wir vor der Zukunft
zu bewahren? Was müssen wir von
der Vergangenheit erwarten?

Indische Kasten

Gesellschaftliches Gefälle,
das den höher Gestellten zur
alternativen Gewinnmaximierung gereicht.

Kind

Ein junger Mensch, der sich seine Welt
erbaut mit jenen Bausteinen, die seine Umgebung
von seinen Träumen übrig lässt.

> *Die Bedeutung der Weite*
>
> Sie liegt in der Möglichkeit, ihr im
> Durchqueren nahe zu kommen.

Alternativlos

Es ist besser, in Frieden zu stolpern,
als im Krieg zu fallen.

> *Gegenwart*
>
> Wenn wir uns an ihre Grenzen halten,
> dürfen wir sie überschreiten in
> beide Richtungen.

Schweigender Widerhall

Taktloser Gleichklang,
der die Stille zum Bleiben zwingt.

Henne oder Ei

Manchem Ei mangelt es an der Henne. Und
manche Henne verleugnet den Hahn, wegen des Eis.

Auf-dem-Weg-sein

Der Weg ist wichtiger als das Ziel, meinen
Irrläufer. Solange Abwege, Irrwege und
Sackgassen letzte Auswege eröffnen.

Die Welt erfühlen lernen wollen

Zum poetischen Kern der Weltenseele aufbrechen.

Unser Geist

Leibeigener von Körpers Gnaden
und/oder entwichener Freigeist aus
der Flasche Leib?

Vom Wunsch zu vergessen

Es gehört mit zum Schwersten, all jenes
zu vergessen, was man nie wusste, aber hätte
wissen sollen – der Gewissensbisse wegen.

Demut

Entsteht, wenn Glaube, Wissen und
Nichtwissen ineinander fließen.

Geheime Reue

Wenn der Wolf, der das Lamm aufgespürt und verschlungen hat, bei der Schafherde wegen seines lauten Bauchgrimmens um Abbitte nachsucht.

> *Realitäten anerkennen*
>
> Sich trauen, Wahres zu berühren durch Illusion.

Gedankenmissbrauch

Man muss einen Gedanken missbrauchen, um bislang Undenkbares anzudenken.

> *Devise erfolgreicher Werbung*
>
> Ersetzen wir das falsche Sein durch den wahren Schein.

Guter Gedanke

Ein guter Gedanke ist verurteilt zu mehrfachem Tod und mehrfacher Auferstehung, wenn er überleben soll.

> *Erfolgreiches Scheitern und/oder gescheiterter Erfolg*
>
> Scheitern ist nicht der letzte Schritt zum Erfolg, aber der erste bis zum vorletzten.

Ratschlag für Zweifler und Wissende
Fortdauernder Zweifel wird zur Gewissheit.
Ständige Gewissheit macht blind für
überraschende Umwege.

> *Überzeugungstäter*
> Menschen, die der guten Möglichkeit
> einer Verpflichtung zum Nachdenken
> gemeinsam abschwören.

Schwer verständlich
Verstehen heißt lernen, dass wir verstanden
werden, wenn wir Dinge aufgreifen,
die für andere schwer nachzuvollziehen sind.

> *Was Verlierer und Gewinner voneinander
> lernen können*
> Verlierer entgehen der Erkenntnis,
> dass Zugewinn den Wunsch hervorbringt,
> noch mehr anzuhäufen. Gewinner bringen
> sich um die Erfahrung, dass Ballast
> verlieren beflügeln kann.

Zugriff zur Dummheit
Dummheiten zu begehen,
ist Wahlleistung der IQ-Privilegierten.

Der Unterschied

Reines Gold und reines Glück wiegen schwer:
Ersteres zieht nach unten, letzteres nach oben.

> *Wegdenken*
>
> Nicht jeder, der wenig weiß, ist sich bewusst,
> dass er womöglich zuviel weggedacht hat.

Greise

Alte Neulinge und neue Altlinge zugleich:
Weil ihnen alles neu erscheint und ihre Kindheit
uralt frisch jung.

> *Glück haben*
>
> Heißt, auf es nicht lange warten müssen.

Uneinnehmbar

Ein privat versicherter Irrtum und eine vorgefasste
Meinung sind Bollwerke, die jeder besseren Einsicht
standhalten.

> *Gute Absicht*
>
> Gute Taten, die getan werden sollten,
> sind wie unauffällige Schläfer, die irgendwann
> losschlagen, wobei niemand genau weiß,
> wann, wo und wie.

Hinausgezögerte Vollkommenheit

Das Hinauszögern der Vollkommenheit macht
Sinn, da die Vorfreude größer ist als
die Erschöpfung am Ziel.

> *Einsam sein*
> Überall in der Fremde sein.

Unerhörte Wahrheit

Wenn die Wahrheit kein Gehör findet,
lebt sie sich aus oder verstummt.

> *Gedanken zur Zweckrationalität*
> Das Unbehagen der Narren über
> das Anwachsen der Zweckrationalität
> in der Welt ist besorgniserregend.

Zufriedenheit

Gesichertes Nischendasein im Großverbund.

> *Schmerz*
> Das Letzte, was uns bleibt, was zu uns
> hält, ohne gefragt und festgehalten
> zu werden.

Scheinhinrichtung
Tod durch Erhängen am Regenbogen.

Der Reiz von »Second Life«
Die Beiwohnung der eigenen Einäscherung,
insbesondere das eigene Handanlegen bei
der Urnenbestattung mit garantierter
zweiter Chance zur Wiederauferstehung.

Zu den Voraussetzungen des Glücklich-Seins
Es reicht offenbar nicht aus, alleine glücklich zu sein:
Die anderen sollten entweder deutlich unglücklicher
oder genau gleich glücklich sein.

Vorzüge der Schwarz-Weiß-Malerei
Lege etwas Nacht an den Tag und
die Kontraste werden verstärkt,
besser erkennbar.

Vom Wunsch, gleich zu sein wie die anderen
Die Menschen gleichen einander durch das,
was sie gerne hätten und wären. Sie unterscheiden
sich voneinander durch das, was sie haben und sind.

Vorläufer und Nachhut

Der Vorläufer der Wahrheit kann auch eine echte
falsche Lüge sein und die Nachhut der Lüge eine
falsche echte Wahrheit.

Das Kunststück des Lebens

Aus unbefriedigenden Lösungen
ein reizvolles Rätsel schnitzen,
um es der Nachwelt zu vererben.

Schlussfolgerung

Wenn ein Flügelschlag eines Schmetterlings über
dem Ozean einen Taifun hervorbringen kann,
warum dann nicht ein Schlag mit der Faust
auf den Tisch ein Erdbeben?

Stille verschweigen

Wer die Stille verschweigt,
kann ihrem Echo nicht lauschen.

Das Geheimnis der Oberflächlichen

Sie schillern besonders farbig und
intensiv in seichten Gewässern.

Vom Haben und Genießen

Wer das Schöne empfindet, genießt es;
wer es erkennt, will es haben.

> *Mal weg sein*
>
> Aufbrechen, aus- oder einwandern,
> verweilen.

Das Geheimnis der Begeisterung

Alles, was begeistert, spukt und alles,
was entgeistert, gibt vor, einem Irrglauben
zu entfliehen.

Von der Liebe und anderen Katastrophen

Kuss

Halbes Eingeständnis auf ganz viel mehr.

Seitensprung

Meist untauglicher Versuch, einen
Zweikampf im Dreikampf zu meistern.

Wahre Liebe

Sie wohnt dort, wo das Schweigen sein Echo bricht;
sie vollendet sich nie, sie wird Geschichte.

Lässliche Liebe

Das Schuldgefühl,
niemanden hassen zu können.

Sich erkennen bei Nacht

Beschau des Unsichtbaren, das anrührig macht.

Verliebte

Wenn das Hochgefühl, alles und
doch nichts verstehen zu können,
von zwei Menschen Besitz ergreift.

Lust

Von den Schmerzen wohl einer der intensivsten,
der so nachhaltig ist, dass er nur dann weh tut,
wenn man nicht genug von ihm haben kann,
aber immer mehr davon haben will.

Abhängige Liebe

Wir lieben zurück, wenn wir geliebt
werden. Wir hassen, wenn wir
nicht mehr geliebt werden.

Die Krux mit der Liebe

Es ist der Übelstand der Liebe, dass letzte
Folgerungen ans Kreuz führen und immer
wieder zur Auferstehung ermuntern.

Zweiter Frühling

Alte Gefühle, die jungen Gedanken
begegnen.

Enttäuschte Liebe

Sie verhärtet ein Herz schneller als
siedendes Wasser ein rohes Ei.

Schamgefühle hegen

Mit Bangen freudig berührt sein von verheißenden Dingen, die verboten sind.

Verliebt sein

Seelenzustand, den man am liebsten verflüssigen und mit Bangen und Sehnen in tiefen Zügen sich einverleiben würde, auf immer und ewig.

Junge und reife Liebe

Eine Schwäche der jungen Liebe ist es, bedingungslos an die Liebe zu glauben. Die Stärke der reifen Liebe besteht darin, über diese Schwäche ab und zu hinweg zu sehen.

Zweimal zwei ist sechs

Zwei schöne Frauen gleichzeitig sind zwei Augen, die von vier Augen gesehen und sechsmal geblendet werden.

Rechtfertigung zum Seitensprung

Der Versuch, eine Entdeckung zweimal zu machen im Glauben, der Enttäuschung durch Wiederholung zu entgehen.

Hass

Das Verbot, Liebe zu exportieren,
weil sie rationiert werden musste.

Vorspiel

Anrainergedanken auf dem Wege
zur Grenzüberschreitung.

Scheidungsantrag

Erfolg versprechendes Klageerzwingungsverfahren.

Holde Zweisamkeit

Verklärte Zuversicht, die den Alltag
zum Feiertag zu erklären vermag.

Reifere Liebe

Setzt sich aus dem zusammen, was von
Sehnsucht und Nachsicht übrig bleibt.

Entschluss zum Seitensprung

Aufs Ganze gehen und dabei
seine bessere Hälfte vergessen.

Wenn Liebe Asyl sucht

Man kann der Liebe nicht entlaufen,
am wenigstens dann, wenn sie Asyl sucht.

   Der Liebe Sold

   Wer von der Liebe kostet, verliert
   den Geschmack der Unschuld.

Zum Vorspiel

Viele Bedenken um sich scharen, um eins
nach dem anderen fallen zu lassen.

   Beste Gedanken

   Sie lieben die Zweisamkeit,
   wenn sie dialogisch bleiben.

Der Reiz der Ferne

Liebende benötigen bisweilen große Entfernungen
voneinander, um beim Betrachten des weiten
Horizontes am Abend zu erkennen, dass sie
sich näher kommen wollen.

   Ergänzungen

   Die Liebe von Mann und Frau ergänzen sich
   ideal in ihren Portfolios und Passepartouts.

Liebesbegehren

Begehren nach immer währender Liebe und Fluch,
mit dem Gott die Menschen gesegnet hat.

Sehnsucht

Ihre große Weite geht uns sehr nah.

Glücksempfinden

Kurz währendes Gleichgewicht zwischen
Unpässlichkeiten.

Verliebtsein

Angstlust auf einvernehmliche
Nachhaltigkeit.

Besitzlose Liebe

Man liebt nur dann wirklich, wenn man nicht
besitzt, weshalb Leibeigentum zwischen Liebenden
als wechselndes Geschenk unter besitzlosen Sklaven
angesehen werden sollte.

Liebesglück

Lieben, bis man das eigene Unglück nicht
mehr glaubt, im Glück der Liebe.

Liebesweh

Lieben, weil man dem eigenen Glück nicht mehr traut, im Unglück abhängig gewordener Liebe.

Herausforderung Liebe

Eine der größten Herausforderungen im Laufe des Lebens ist jene, sich nicht so an die Liebe zu gewöhnen, dass sie nicht mehr begehrenswert erscheint.

Vom Wesen der Sehnsucht

Eine der liebesnächsten Wunden.

Die Angst vor dem ersten Mal

Sie geht meist mit dem Wunsch einher, ihr mehrfach begegnen zu dürfen bis zum Erfolg.

Zuneigung

Manchmal auch eine sublime Form der Begierde.

Liebesbekundungen

Für die Liebe gibt es keine schlüssigen Beweise, außer Bekundigungen,
die ständig erneuert werden sollten.

Liebesspiegelung

Die Liebe spiegelt das Gegenüber, das sie ansieht, um zu ergründen, ob eine umgehende gegenseitige Inbesitznahme auszuschließen oder anzuraten ist.

Zweideutigkeit

Wenn Eindeutigkeit nicht möglich oder gefährlich, ist kann Zweideutigkeit reizvoll erscheinen.

Lustverkostung

Wer von der Lust kostet, verliert den Geschmack auf eingeschränktes Probieren.

Hoffnung und Wunsch der Brauteltern

Das Herrichten der Braut in der Hochzeitsnacht möge mit der Hinrichtung ihrer bisherigen Unschuld einhergehen.

Ansichten eines Bodhisattwa und eines Seitenspringers

Was nützt es zu erwachen, ohne andere zu erwecken, sagte der Bodhisattwa. Was nützt es, wie gewohnt langweilig und schlecht zu schlafen, ohne mit einer anderen besser träumen zu können, sagte der Seitenspringer und pflichtete dem Boddhisatva bei.

Gefahr der Nähe

Liebende, die sich zu nahe kommen, haben
es nicht leicht, im Nachhinein sich gegenseitig
wie vorher zu achten.

Bedingungslose Liebe

Eine der letzten großen Utopien,
die jeder durchleidet.

Vom Sinn der Gewissensbisse

Je mehr man über seinen Bedarf an Liebe verkostet,
desto mehr Gewissensbisse benötigt man, um sie
schlucken zu können.

Liebesopfer

Wenn du dich auf dem Altar der Liebe
opfern willst, solltest du vor ihr auf die
Knie fallen. Sie wird dich aufrichten
und erhöhen und – wenn es ihr beliebt –
auch aus Liebe schlachten.

Von der Liebeserklärung

Verabschiedetes persönliches Notat, dessen
Haltbarkeitsdatum umgekehrt proportional zu
vorgebrachten Treueschwüren zu veranschlagen ist.

Zur Hass-Liebe

Wenn blanker Hass und stumpfe Liebe
aufeinandertreffen.

Offene Liebesbeteuerung

Der Beweis einer vorgebrachten
Liebesbeteuerung vermag nicht zu
garantieren, dass ihre Aneignung gelingt.

# Von Psychiatrie und Seelenheil

*Prokrastination**

Inaugenscheinnahme eines herbeigesehnten
Vorruhestandes mit repetitiv vorgebrachtem
Wunsch nach umgehender Sollerfüllung.

Prokrastinatorische Gedankenumtriebe

Sich ausmalen, was man noch alles
angehen wird, nach dem nachhaltigen
Entschluss, alles liegen zu lassen.

Selbstbetrug

Immer wenn eine Erkenntnis droht,
sich hinter diesem Gedanken verstecken.

Aufrichtiger Prokrastinateur

Einer, der immer wieder zu Boden sinkt
unter der Last dessen, was er alles hätte
tun wollen.

---

* Procrastinatio: Vertagung. Zusammensetzung aus *Pro* »für«
und *Cras* »morgen«. Erledigungsblockade, Aufschiebeverhalten, Handlungsaufschub. Ein Verhalten, als notwendig, aber auch als unangenehm
empfundene Arbeiten immer wieder zu verschieben, anstatt sie zu erledigen.

Selbstverletzendes Verhalten

Sadomasochistisches Plagiat empfundener Lust.

Nachhaltige Eifersucht

Sehnsucht, die heilen möchte und nur verwundet.

Exhibitionismus

Partielle Selbstenthüllung mit dem Wunsch noch weiter enttarnt zu werden mit Hilfe ungefragter Fremder.

Masochismus

Sehnsüchtigste Liebe, die zuvor unendlich gehasst werden möchte.

Egoist

Einer, der nur zu sich selbst gelangen und sich dort aufhalten möchte, aber nie ankommt, weil er die anderen, die vor ihm davonlaufen, für entbehrlich hält.

Suizid

Missachtung eines allgemeinen Tabus: Den Zeitpunkt des eigenen Todes auf keinen Fall kennen zu dürfen.

Erfolgreicher Hochstapler
Ein Mensch, dessen Bemühung von Erfolg
gekrönt wird, anderen durch Lügen
eine Wahrheit näher zu bringen.

Aufkeimende Eifersucht
Kränkelnde Halbschwester der
angeschlagenen Liebe.

Suizidalität
Aufenthaltsrechtlicher Selbstzweifel.

Narzisst
Liebender, sich ohne Nebenbuhler
wähnend.

Hypochonder
Sein bloßer Vor- und Nachgeschmack der Angst
reicht völlig aus, um das Gefühl des Krankseins
bleibend zu etablieren.

Wahrer Lügner
Er vermag die Offenbarung der Verheim-
lichung so geschickt hintanzustellen,
dass zuvorderst der Eindruck des
Prophetischen entsteht.

Angst

Um unserer Ängste willen werden wir durch unsere Aggression vernichtet. Um unserer Aggression willen müssen wir vor uns Angst haben.

Depressive Episode

Wenn alle erhabenen Gedanken,
die hätten wahr werden wollen,
in die Niederungen des Selbstzweifels
in Ketten gelegt werden.

Angstlust

Ihr gelingt es, die Entschleierung ihres wahren Grundes immer wieder hinauszuzögern.

Prokrastinatorischer Zauderer

Einer, der nachsichtig ist mit Vorsätzen und Erwägungen zweiten Grades, aber unnachsichtig in der Aufstellung immer neuerer Rangfolgen von anstehenden Entscheidungen.

Hoffender
Einer, dessen Skepsis gegenüber der Ungewissheit so übermächtig geworden ist, dass er das Eintreten des Unwahrscheinlichen nicht mehr ausschließen möchte.

Überzeugender Tiefstapler
Er vermag seine Bewunderung in die eigene Großartigkeit so geschickt zu leugnen, dass andere ihn wegen dieser Kunst verehren.

Bauchgefühle
Sie überschwemmen beste Vor- und Grundsätze in Übereinstimmung mit den Gesetzen eines Tsunamis.

Angehender Suizident
Einer, der über einen Graben zu springen gedenkt, wiewohl dieser zu breit ist, um gewöhnlich hinüberzukommen.

Nachhaltiger Betrüger
Er lässt sich von seinem eigenen Lügen täuschen, weil er es aufregend findet, hintergangen zu werden.

Eingefleischter Narzisst

Er trägt die Idee in sich, nur von und durch andere getragen zu werden.

Glücklicher Sadomasochist

Einer, der die süße Pein genießt, nicht aus der Pflicht entlassen werden zu können, Schmerzen zu erteilen und zu erfahren, die nach mehr verlangen.

Zwangskranker

Sein Gedanke, Unheil abwenden zu können, nimmt überhand, um einer empfundenen Ohnmacht mit Allmachtsphantasien zu begegnen.

Vier Grundgesetze in Gruppen

1. Es ist leichter, drinnen zu bleiben als hineinzugehen.
2. Es ist schwer zu ertragen, ausgeschlossen zu sein, aber noch schwerer, nicht ausbrechen zu dürfen.
3. Einer hat das Sagen, sagt aber, alle seien Eins.
4. Man kennt sich drinnen, draußen ist alles fremd.

Geschwisterbeziehungen

Wut: die Halbschwester der Angst.
Angst: der große Bruder der Aggression.
Aggression: die unbekannt gebliebene
Schwester der Depression.
Depression: die verleugnete Schwester der Wut.

Selbstzweifel

Wenn der Glaube an sich selbst
verdächtigt wird, gefälscht zu sein.

Verstand

Das entrissene Feuer des Prometheus – ein Licht
mit bösen Schatten.

Angedachte schwere Gedanken

Schwere Gedanken zusammentragen, um
sie am Ende zu steinigen in dem Wunsch,
ihr Niedergang möge ein Erdbeben auslösen.

Alzheimer

Wenn es vorgestern bleibt und heute nicht
mehr werden will.

Verzweiflung
Wüste, in der die Hoffnung im Sande verläuft.

Pubertät
Zeitspanne für Fehler, die darauf warten,
noch gemacht zu werden.

Erklärung der posttraumatischen Belastungsstörung
Welche Bedeutung hätte das Trauma, wenn
nicht die, immer wieder neu geformt zu werden.

Gelernter Voyeur
Einer, der weiß und gelernt hat, dass
das Verschlingen von Blicken keine
Spuren hinterlässt, außer dem Verlangen
nach mehr.

Zwangsgedanken
Gedanken, die es nicht wert sind, betrogen
zu werden, da in Schutzhaft genommen.

Amokläufer
Einer, der seinen Geist an der Pforte
der Hölle abgegeben hat.

Selbstmordattentäter

Einer, der die Adresse der Hölle mit dem Himmel verwechselt hat.

Sarkast

Einer, der die Wunden, die er mit Worten schlägt, mit Lächeln verbindet.

Vater-Sohn-Beziehungsstörung

Wenn der Vater es nachhaltig bedauert, den verlorenen Sohn mangels Vermögen nicht enterben zu können, bevor dieser zurückkehren will.

Seriöser Hochstapler

Einer, der es als einen kleinen Erfolg für sich zu verbuchen vermag, eine große Chance wahrgenommen zu haben, die es nie gab.

Psychotherapeut

Einer, der die Sünden der Sinne in Erinnerung zu rufen vermag, damit sie noch einmal aufleben um ihrer Vergebung und des Honorars willen.

Borderliner

Einer, der jenseits des Beifalls lebt und diesseits agiert.

Zunehmend Schwermütiger

Einer, der ganz Wunde ist mit Schmerzen,
deren Brennen die Wunde vergrößert.

*Warum das Leid anderer nicht sofort immer
Mitleid bewirkt*

Im Schmerz ist es oft seine bedrohliche Nähe,
die uns unnahbar für andere erscheinen lässt.

Neid

Das Verlangen, sich all jenes einzuverleiben,
das begehrenswert erscheint aus der
Perspektive des Beneideten, der es besitzt.

Im-Hier-und-Jetzt-Fanatiker

Einer, dessen Zukunftsgedanken es nicht zulassen,
seine Vergangenheit vorzubereiten.

Schrecksekunde

Wenn nur noch die Augen dazu fähig
sind, einen Schrei auszustoßen, der erstarrt
und doch nicht verstummt.

Vom Vorteil gelegentlicher Hilflosigkeit

Wenn man nicht mehr ein noch aus weiß,
ist man reif für Überraschungen.

Anti-Alzheimer-Training

Vergessen lernen, um das Gedächtnis
aufzufrischen.

Kurzentschlossener Prokrastinateur

Sein Entschluss, das Zögern hinauszuschieben,
gerät ins Wanken.

Erlernte Hilflosigkeit

Das Leid, das wächst mit dem Elend,
das es sich antut, der Hilfe wegen.

Abhängige Persönlichkeit

Einer, der sein Sklavendasein zu schützen weiß,
weil die Ketten ihm die Sicherheit geben,
nicht auf Abwege zu geraten.

Zukunftsangst

Die Heimsuchung des Gedankens,
die Zukunft könne Abwege beschreiten.

Alkokol-Abstinenz

Entsagung, die in die Trockenheit einer Wüstenerfahrung führt mit anwachsendem Gefühl, wieder trinken zu sollen.

Überzeugender Betrüger

Einer, der es versteht, seine Vortäuschung so genial zu verkörpern, dass der Wahrheitsgehalt nicht mehr in Frage zu stellen ist.

Blasphemiker

Einer, dessen Kreuzzug keine Schranken kennt und entgleist.

Selbstbetrug

Schutzmaßnahme, um den Schrecken der Selbsterkenntnis ertragen zu können.

Psychotherapeutische Bemühung

Der fehlgeleiteten Vergangenheit des Patienten Einhalt gebieten, Nachsinnen ermöglichen, beiwohnen.

Die Macht des Ungelebten

Nichts ist so stark wie die Erinnerung an das, was wir versäumt zu haben glauben.

Aggression und Ohnmacht
Die Aggression heilt uns
von den Wunden der Angst.

Niederlagen
Sind Wellenbrecher, die die Bodenhaftung
entziehen können. Man kann auch auf
ihnen reiten, sie tragen ans Ufer.

Versuch der Selbsttäuschung
Tarnversuch, um sich vor sich selber zu verbergen.

Mord
Kernschmelze bislang gebundener
Aggressivität.

Von der Konversion unserer Gewissheit
Gewissheiten, die uns verfolgen, schrecken vor
nichts zurück, auch nicht vor verzweifelten
Konversionen in gegenteilige Überzeugungen.

Von der Erlösung durch Selbstadoption
Der Kampf wider die eigene Natur ist
nicht zu gewinnen. Die Erlösung heißt:
Bedingungslose Annahme.

Selbstbeschuldigung wegen Versagensängsten

Sie entspricht einer Beichte auf Vorrat und Verdacht für noch zu begehende Sünden.

> *Tiefe Einsicht*
>
> Der Verlust, der am meisten schmerzt, ist der des Selbstbetrugs.

Freudige Sehnsucht

Sie borgt ihren höchsten Reiz durch die Vorfreude auf baldige Erfüllung.

> *Von der Chance, sich selbst zu finden*
>
> Wenn man sich auf nichts mehr verlassen kann, ist die Chance groß, dass man sich selbst findet.

Ertappte Sehnsucht

Sie blickt in den Spiegel und sieht ihre Flügel sich ausbreiten.

> *Neue Gedanken*
>
> Das Originellste an unseren neuen Gedanken sind ihre alten Bedürfnisse.

Vorläufer des Erfolgs

Das Gelungene setzt sich aus den Bausteinen
des Gescheiterten zusammen:
Versagen ist der Vorläufer des Erfolgs.

Erleben aus zweiter Hand

Das Empfundene ist meist die Übersetzung
des als fremd Erlebten in der Erinnerung.

Erwachsenwerden

Denken heißt analog adaptieren, reifen bedeutet,
sich adoptieren.

Mona Lisa

Den Schmerz, den sie lächelnd in sich
trägt, zeichnet sie aus.

Vom Geheimnis bewundert zu werden

Es liegt in der Fähigkeit, den anderen dahin
zu bringen, dich für das zu halten,
was du am liebsten zu sein gedenkst.

Querulant

Seine einzige Wirklichkeit in der Politik
seines Lebens ist die Opposition.

Letzte Rettung

Sich selbst nicht fallen lassen, fällt schwer, wenn
der andere von mir nichts mehr hält und
ich ihn davon nicht abzuhalten vermag.

Gefangener aus Überzeugung

Seine Seele gleicht einem Abstellraum
mit selbst gezimmerten Einwänden
ohne Fenster.

Von gläubig Zweifelnden und zweifelnd Gläubigen

Von der Notwendigkeit des Zweifelns
Wie der Schatten dem Körper nacheilt,
so der Zweifel dem Glauben.

> *Aufkommender Zweifel*
> Geglaubte Annahme, die ihre heimliche
> Rechtfertigung gewissenhaft zu entkräften
> versucht.

Aufgabe des Zweifels
Sie besteht darin, den Glauben in Grenzen zu halten.

> *Allerdings*
> Der Irrglauben des Zweifels besteht darin,
> den Glauben in Grenzen halten zu können.

Scheinheiligkeit
Bei drohendem Zweifel sich hinter dem Glauben
verstecken und ihn vor sich hertragen.

Glaube in Not

Wer zuviel glaubt, bezweifelt nicht selten auch ohne Not das Wenige, das unglaubwürdig bleiben möchte.

Erbsünde

Schwebendes Verfahren nach versehentlicher kollektiver Selbstanzeige.

Glaubensabschwörung

Wer kann dem Geglaubten abschwören und gleichzeitig bezweifeln, was ohne Zweifel nicht denkbar wäre?

Letzte Hoffnung beim Sterbenmüssen

Warum sollte man eine Verwechslung der Vorsehung gänzlich ausschließen?

Gereifter Zweifel

In die Jahre gekommener Glaube in freiem Fall.

Junger Glaube

Gefallene Hoffnung im Aufwind.

Reinkarnation

Ab und zu sterblich sein und Anlauf nehmen
zum Neuanfang.

> *Wahrer Pietist*
>
> Sein Schuldgefühl, genügsam zu sein,
> ist unersättlich.

Aufkommender Zweifel

Wenn das Auskommen im Glauben
abhanden kommt.

> *Verspätete Einsicht*
>
> Vor der Hoffnung bangt man anders um
> den Glauben als nach der Hoffnungslosigkeit.

Vom Wunsch, mit dem ewigen Leben verwandt zu sein

Der in die Jahre gekommene Jugendtraum, der
glaubt, ein Recht zu haben, doch noch erfüllt
zu werden.

> *Wir ihm zum Bilde*
>
> Über die Unmenschlichkeit ist
> Gott dem Menschen sehr verwandt.
> Er uns zum Bilde?

Glaubensfalle

Wer dem Glauben entsagt, läuft Gefahr, an der immer währenden Lust der Entsagung zu zweifeln.

Verschieden Glaubende

Es gibt Glaubende, die von Hoffnung träumen, und Gläubige, die von Alpträumen heimgesucht werden.

Bermuda-Dreieck

Ohne Glaube ist Liebe tot, ohne Zweifel ist Glaube blind, ohne Liebe verzweifelt Glaube.

Glaubensbekenntnisse

Glaubender – glaube nur nicht, was ohne Zweifel denkbar wäre. Gläubiger – glaube nur das, was für deine Ansprüche denkbar günstig ist.

Blasphemischer Gedanke eines eigentlich pietistisch erzogenen Kindes

Wie ungerecht, dass nur ein Einziger Gott werden konnte und außer ihm alle nur Sünder.

Zweifelsbekenntnis

Wer fürchtet, nicht glauben zu können, dem steht
es dennoch frei, nicht bezweifeln zu müssen,
dass der Glaube Berge zu versetzen vermag.

> *Gottgläubiger*
>
> Einer, der Nachsicht aufbringt für
> die unglaubliche Gerechtigkeit und
> Allmacht des Vollkommenen.

Die Geburtsstunde des Sehnens nach der Ewigkeit

Als der Gevatter Tod dem Leben Gnade vor Recht
verweigerte.

> *Bekehrung*
>
> Wenn Ohnmacht und Allmacht näher
> zusammenrücken.

Buddhist

Einer, der aus der Welt geht in der Gewissheit,
eine Hinterlassenschaft zu besitzen, die sich
finden lassen möchte durch Wiedergeburt.

Glaubenstourist

Einer, der immer dann, wenn Zweifel angebracht sind, ein neues Glaubensbekenntnis ablegt.

Gefestigter Zweifel

Einflussreicher Gläubiger eines insolventen Glaubens.

Wie das Böse in die Welt kommt

Durch die strategische Partnerschaft zwischen Gut und Böse und durch die Überhangmandate bei der Wahlabstimmung zwischen beiden.

Gläubig Zweifelnde und zweifelnd Gläubige

Es gibt Zweifelnde, die nicht mehr glauben, um nie wieder zweifeln zu müssen, und Gläubige, die nicht mehr zweifeln wollen, um nicht verzweifeln zu müssen.

Ablass

Anreiz zur großzügigen Einsparvergütung für Schuldenbekenner, um Glaubensinsolvenzen abzuwenden.

Erbsünde

Haftung für eingegangene Verbindlichkeiten
bei der Vertreibung aus dem Paradies.

Vorsehung

Bis zum Schluss geheim gehaltenes
Planfeststellungsverfahren.

Beten

Kniefall und faltende Hände im Bangen und
Hoffen, dass er uns in Händen hält, wenn wir fallen.

Zweifler

Ein großer Mensch, der an der
Zwergwüchsigkeit seines Glaubens leidet.

Real existierender Zweifel

Jener Zweifel, der sich auf den Weg macht
zu glauben und hofft, entlarvt zu werden.

Das Gute am Zweifel

Der Zweifel ist der Widerhaken im
Fischmaul des Glaubens, wenn
dieser nach Gewissheit schnappt.

Bedrohter Zweifel

Selten gewordene Eigenschaft, die man
in Schutzhaft nehmen muss.

Beichtvorteil

Du kannst es deinem Gott beichten,
eine Erklärung hat er bereits gefunden.

Gedanken zum Ebenbild

Vielleicht war es ein Schönheitsfehler, dass
Gott den Menschen ihm zum Bilde schuf,
es hätte auch weniger prächtig sein dürfen.

Leidvoller Zweifel

Dem Zweifel Glauben schenken
und letzteren verlieren.

Zum Problem der Endlagerung

Wohin mit der Vergebung der Sünden, wenn die
Depots im Himmel und auf Erden überfüllt sind?

Jüngstes Gericht

Instanz, bei welcher zu überlegen wäre,
ob man schon vor dem Verfahren
gut daran tut, Berufung einzulegen.

Hinweis auch für katholische Priester

Jungfräulichkeit und Keuschheit sind
das verlängerte Vorspiel zur Sünde.

> *Freikirche*
>
> Manchmal eine von Gott so nie
> gewollte Menschenfalle.

Gott

Einer, der eine Lücke hinterlässt, die nicht geschlossen
werden kann, es sei denn durch seinen Doppelgänger.

> *Bester Fehler*
>
> Vielleicht war es gut überlegter Leichtsinn
> des Allmächtigen, Fehler nicht machen zu
> wollen, sie dann aber doch ausprobieren
> zu wollen, als er sich Ebenbilder schuf.

Atheist

Einer, den der Schöpfer auch ihm zum Bilde schuf.

> *Engste Glaubensgemeinschaft*
>
> Sekte, die eine Beweisnotumkehr entdeckt
> hat und einfordert, nach ihr leben
> und sterben zu müssen.

Wann solltest du dir eine begangene Notlüge verzeihen?
Wenn eine Unterlassungssünde dennoch in Erfüllung
geht und den erfolgreichen Vollzug beichtet.

> *Starkglauben*
> Platzregen massivsten Ausmaßes, der seine
> eigenen Fundamente unterspült und meist
> in einer Sintflut endet.

Glaube und Irrglaube
Der Glaube stellt sich dem Zweifel,
der Irrglaube weicht ihm aus.

> *Engelkarrieren*
> Es gibt Engel, die durch alle Himmel in
> die Hölle gelangen und Erzengel, die über
> das Allerheiligste zur Urhölle vorstoßen.

Maßlos reuiger Sünder
Einer, der alle beglichene Schuld wieder
aufleben lassen möchte, um der Absolution
nochmals teilhaftig zu werden.

Die Umkreisung von Gut und Böse
Je mehr du dich vom Guten entfernst, desto mehr
schreitest du in der Erkenntnis des Bösen fort.

Von der Allmacht Gottes
Gott kann auch jenen Ebenbildern
vergeben, die nichts verschuldet haben
und im Bilde sind.

Wärmende Höllenglut
Sich angesichts der Kälte der Welt
an der Höllenglut aufwärmen.

Sehnsucht nach dem höchsten Himmel
Die Hölle entspricht jenem Wolkenkratzer,
den die Menschen sich erbauen,
um dem Himmel ganz nahe zu sein.

Aberglauben und Abgott
Der Verwandtschaftsgrad zwischen Aberglauben
und Glauben ähnelt dem zwischen Halbgott
und Abgott.

Angstlust auf Unsterblichkeit
Das Ableben abwarten. Hoffen auf Überleben.

Wunsch eines Christenmenschen

Ein paar Stücke spielen lernen auf der Liebe,
dem lieben Gott zuliebe.

Gestorben werden

Ausklingen der Vorfreude, heimkehren
zu dürfen, und aufkommende Angst,
bei der Überfahrt verloren zu gehen.

Erfülltes Leben

Das Spüren eines allmählich nachlassenden
Schmerzes einer permanent offenen Wunde.

Anfrage

Wer will ausschließen, dass unsere Art
der Gottesverehrung aus der Sicht Gottes
einer Gotteslästerung nahe kommt?

Gottes Sprache

Gott spricht zu uns aus dem gezähnten Maul
des weißen Hais und weißer Gänseblümchen.

Spiegelung

Die lichte Höhe des Himmels spiegelt
sich scharf im tiefsten Wasser der Hölle.

Vorbeter, Missionare und Co

Menschen, die eine schöne
Power-Point-Präsentation über Gott halten können
und vorgeben, nichts vermissen zu lassen.

*Unterschied zwischen einem Gläubigen
und einem Zweifler*

Der Gläubige unterscheidet sich vom
Zweifler nur durch wenige Überlegungen,
die dem Ersteren noch bevorstehen.

Lebensaufgabe

All das auszuprobieren, wozu wir nicht geschaffen
sind und wozu wir geschaffen wurden.

Menschgereifter Gott

Jeder reift mit Gott. Und Gott mit uns.

Kehraus

Um letzte Zweifel zu zerstreuen, genügt es nicht,
Glaubensbekenntnisse zusammenzukehren.

Unbedingter Glaube

Ein Zweifel gedeiht nie besser, als wenn
ein unbedingter Glaube dahinter steckt.

Größter Wunsch

Der Versuch, eine Verschiebung
des persönlichen Weltuntergangs zu erwirken.

Wo ist der Glaube begraben

In der Fundgrube unseres Zweifels.

Wenn die Ewigkeit könnte

Würde sie vielleicht wenigstens einmal
sterben wollen.

Der Weg zur Wahrheit

Er kann auch der Gang zum Schafott werden.

Ebenbild im Zerrspiegel

Könnte der Mensch Ebenbild Gottes sein?
Letzterer wäre Stückwerk. Könnte Gott Ebenbild
des Menschen sein? Ersterer wäre zu bedauern.

Von der Hoffnung und der Sehnsucht

Seelisches

Ihr Inland ist überall, am meisten im Ausland.

Hoffen

Versuch, eine fehlerfreie Beweislastumkehr zu wagen, dass die Zukunft es gut mit uns meint.

Warnung an Suchende

Wenn du suchst, wonach du schaust, findest du dich verlorengegangen wieder.

Unser größter Wunsch

Vergangenes vorherzusagen und
Zukünftiges noch einmal vergessen zu dürfen.

Sehnsucht

Den Durst in die Seele verlegen.

Zwiespalt

Das Grausame sind nicht seine Widersprüche, sondern deren nachhaltige Bestätigung.

Schweigen

Die Nichtigkeit der Worte begreifen und
darüber die Sprache verlieren.

Heuchelei

Die Fähigkeit, Ehrlichkeit mit allen
Mitteln einzufordern, als Preis für
das Recht, unaufrichtig zu handeln.

Zu lang Ersehntes

Es erscheint uns unerwartet fremd,
wenn es plötzlich zu vertraut daherläuft.

Suche nach Erfüllung

Finden wollen wir sie überall, aber nur
nicht dort, wo Entsagung angesagt ist.

Opportunistische Haltung

Wenn überflüssige Worte überhand nehmen
und notwendiger Einspruch ausbleibt.

Seelenheil

Deine Seele bleibt so lange heil,
wie du den Mut hast, ihre Wunden
mit Hoffnung zu lecken.

Heimweh

Sich anrühren lassen von der Heimsuchung
in der Fremde.

Resignation

Allzu langes Wartenmüssen auf
die Sehnsucht anzukommen.

Enttäuschung

Wenn die Sehnsucht aufhört zu suchen und
Einsicht einkehrt, dass der schöne Ausblick
verloren ging.

Betretenes Schweigen

Wenn Worte, die noch hätten gesagt
werden wollen, die Flucht ergreifen.

Selbstbetrug

Verzweifelte Suche nach der letztgültigen Lüge,
die sich in einer Wahrheitsnische versteckt halten soll.

Gelassenheit

Sammlung sein Eigen nennen.

Unschuld

Nicht wissen, was nach begangener Liebe
hassenswert wird.

Skepsis

Fusion einer zu guten Erinnerung
mit einer schlechten Erfahrung.

Mitgefühl

Zurückgehaltener Hinweis, Gott sei Dank
nicht selbst betroffen zu sein.

Anteilnahme

Teilen ohne wegzunehmen und
unendlich viel bekommen.

Bewunderer

Einer, der annimmt, fast gleich zu sein mit jenem,
den er bewundert.

Hartnäckige Sehnsucht

Sie behält sich das in der Erinnerung vor,
was bisherige Wünsche ihr versagten.

Expandierende Seelengröße

Die Gefahr, dass mit der Expansion der Seelengröße
Menschliches allzu kleinlich erscheint.

Träume

Der Stoff, aus dem Himmel und
Hölle gemacht sind.

Vom Hoffen und Verzweifeln

Die Hoffnung sucht das Noch-Mögliche,
die Verzweiflung das Un-Mögliche.

Trost der Hoffnung

Zu glauben, ein erkannter Irrtum könne
wenigstens eine Zeitlang davor bewahren,
neue Irrtümer begehen zu müssen.

Gleichklang

Der Pessimist wünscht das Scheitern so sehr,
wie es der Optimist verwünscht.

Laster

Die eleganteste Art, es zu besiegen, ist
mit ihm zu spielen.

Die Stärke des Traums

Uns unsere geheimsten Gedanken einzugestehen,
auch wenn es sich um die größten Schwächen
handelt.

Geheimnis der Zufriedenheit

Immer wieder Selbstgesuche einreichen,
um bei sich Gehör und Ansehen zu finden.

Grübeln

Tuchfühlung mit Vorgestern und Übermorgen.

Angedachtes Aufbegehren

Dem unterdrückten Aufschrei
ein gehauchtes Echo in Aussicht stellen.

Rache

Höllisches Vergnügen mit nachhaltig bebender Wut
auf einer nach unten offenen Richterskala.

Häme

Lächeln der Genugtuung
nach erlittener Demütigung.

Flüchtiges Hoffen
Vorauseilendes Erwarten, um dem gefangen genommenen Nachdenken zu entfliehen.

Erhoffen
Sehnsucht nach einem geglückten Danach.

Eifersucht
Der häufigste, aber am wenigsten einträgliche Teil verschmähter Liebe.

Eigenliebe
Beginnt da, wo man aufhört,
fremd zu lieben.

Gefolgsleute
Schlafwandler, die erst dann aufwachen,
wenn sie abstürzen.

Parasit
Ein Wesen mit der Sonderbegabung, eigene Fehler und Mängel mit Vorzügen anderer gedeihlich verbinden zu können.

Überführter Lügner

Einer, der sein Gesicht verliert und
trotzdem am liebsten eine Burka tragen würde.

Tagtraum

Im Bilde sein, wenn Worte schweigend
sich der Welt entsagen.

Vom Ursprung der Träume und Bilder

Die Bilderwelten der Träumer und die der Künstler
stammen aus noch bislang nicht veröffentlichten
Skizzen des Schöpfers.

Realistischer Optimist

Einer, der das Allerschlimmste annimmt
mit der sicheren Erwartung, dass sich
doch noch alles zum Besten wendet.

Anbetung

Der Selbstwirksamkeit abschwören.

Wie soll ich mich entängstigen?

Ein probates Mittel besteht darin,
dem Privatbesitz vager Vermutungen
zu entsagen.

Seelisch im Lot

Wenn dein Außer-Sich-Sein mit der Innenwelt
noch kompatibel ist.

Geheimste Gedanken

Niemand soll sie erraten, auch nicht verraten,
da sie womöglich etwas zu verbergen haben,
was alle schon wissen.

Vom Wesen des Spiels

Kinder finden im Spiel zu sich selbst,
Erwachsene suchen im Spiel sich selbst zu verlieren.

Gefühltes Denken

Der Mensch glaubt, er sei das, was er denkt;
dabei denkt er vornehmlich das, was er
empfindet und fühlt, denken zu müssen.

Reines Selbstmitleid

Wenn du keine Rücksicht auf das Selbstmitleid
der andern nimmst.

Reif gewordene Achtsamkeit

Den Seufzern der bunt fallenden Blätter
im Herbstwind lauschen.

Tag- und Nachtträume

Sie bilden das Himmelsgewölbe über
unseren Tiefsee-Phantasien.

Desillusionierung

Sich seinen Illusionen nicht mehr hingeben
wollen, auch wenn man ihnen sein Ja-Wort
gegeben hat auf Lebenszeit.

Unser Schicksal

Dazu zu gehören und dennoch einsam zu sein.

Vom Suchen und Finden

Wer sucht, möchte das Finden nicht
ausschließen. Wer sich finden lässt,
muss das Suchen mit einschließen.

Eine Hoffnung gehabt zu haben

Man sollte an der Erinnerung festhalten, einmal eine
Hoffnung gehabt zu haben, um sie nicht ganz zu verlieren.

Verachten und bewundern

Wer Verachtung nicht gelernt hat,
sollte Nachhilfe erhalten im Bewundern.
Denn Letzteres führt im Laufe der Zeit
zu Ersterem.

Vom Tod und vom Leben

Lebensmüdigkeit

Angriff eines Heimatvertriebenen auf
seine ihm fremd gewordene Herkunft.

> *Überlegung*
>
> Sollte das Leben kürzer sein, weil es
> sich nicht auszahlt, länger zu leben?

Nachgeben

Hin und wieder sterblich werden,
um der Unsterblichkeit willen.

> *Lebenskunst*
>
> Von der Sehnsucht nach Herkunft zehren,
> umrunden und vergessen wollen, was noch
> niederkommen will.

Lebensentwurf

Ergebnisoffenes Projekt mit robustem Mandat:
Auferlegte Zielvereinbarung ignorieren und
sie unter Aufweichung von Stabilitätskriterien
neu aushandeln.

Verhinderter Sinn des Lebens

Zu viel Böses schmecken müssen. Zu wenig Nachgeschmack von Gutem genießen dürfen.

Grab

Raumstätte für überwundene Nacht unter Tage.

Des Lebens ungeheuerlichste Zumutung

Dazu zu gehören und deswegen sterben müssen.

Ein- und Aussicht

Nicht nur die Wanderung zum Galgenberg, sondern auch andere Höhepunkte verweisen auf Abgründe des Lebens.

Was ist der Tod?

Die radikalste und unglaublichste Gewissheit, über die sich jeder immer wieder neu wundert.

Lebenskunst

Die Fähigkeit, den eigenen Tod misszuverstehen.

Lebensmüde

Abhanden gekommener Lebenstauglichkeitsnachweis.

Tod

Der Schatten, der am Licht des Lebens haftet.

Gevatter Tod

Weggefährte und Verfahrensbeistand bei
der Überfahrt.

Vom Anfang und Ende

Alles endet in einer Wiederaufnahme, auch
wenn es mit einer Unterbrechung begann.

Neugeborenen-Perspektive auf Neudeutsch

Newcomer mit maximaler Restlaufzeit nach
Einfindung vor der Baustellenausfahrt in Pol-Position.

Todesgedanke

Der Gedanke an den Tod kann beflügeln,
sofern er uns nicht vergessen lässt zu leben.

Die Kunst des falschen Erduldens

Dem Gefühl, lebendig begraben und ohnmächtig
zu sein durch Totschweigen näher treten zu wollen.

Lebenserwartung eines Bankers
Ihre Dividende ist abhängig von eingegangenen
Darlehensverbindlichkeiten, vom Verschuldungsgrad
und der Reichweite der erzielten und vorgenommenen
Wertbereinigung am Lebensende.

Leben und Sterben
Selbstentdeckung und Selbstaufgabe.

Sterben
Versetzung in den einstweiligen Ruhestand?

Rückgabe am Ende
Natürlich muss man alles zurückgeben,
was man bekommen hat, eingeschlossen
das, was man anderen entwendet hat.

Seufzer am Ende
Wenn die Saite springt und
von ihrem letzten Ton Abschied nimmt.

Der Tod
Er ist nicht nur das, was das Leben beendet,
sondern auch das, was es hervorbringt und
garantiert.

Galgenhumor
Gipfeltreffen am Abgrund.

Soweit die Waffen tragen
Müssen die Füße laufen auf Tod und Leben.

A und O
Der Anfang begann bereits jenseits vom Ende, und das Ende oft diesseits vom Anfang.

Totgeburt
Was auf die Welt kommen will,
um nichts zu bewegen.

Angst vor dem Ableben
Der Irrglaube an die eigene Beständigkeit.

Auf die Welt kommen
In ein Planfeststellungsverfahren
mit offenem Ende eintreten.

Leben und Sterben
In die Pflicht und aus der Pflicht
genommen werden.

Nachwort

Worte wie Pfeile

Gedanken über die Aphorismen von Gunther Klosinski

»Bei manchem Werk eines berühmten Mannes möchte ich lieber lesen, was er weggestrichen hat, als was er hat stehen lassen.« Dieser Satz stammt von Georg Christoph Lichtenberg. Er gilt als der erste deutsche Meister des Aphorismus. Und er hat mit seiner geschliffenen Bösartigkeit zugleich eine der hinreißendsten Definitionen dieser kleinen, aber im Verhältnis zu ihrer Länge wohl wirkmächtigsten Form des literarischen Schreibens definiert.

Der Begriff des Aphorismus stammt aus dem griechischen Wort »aphorizein« und bedeutet soviel wie »abgrenzen«, »definieren« oder »bestimmen«. Der Aphorismus ist nach der klassischen Definition des Literaturwissenschaftlers Gero von Wilpert ein »kurzer schlagkräftig und äußerst prägnant formulierter einzelner Prosasatz zur Einkleidung eines eigenartigen persönlichen Gedankens, Werturteils, einer Augenblickserkenntnis oder Lebensweisheit durch geistreichen Inhalt und individuellen Stil unterschieden vom Sprichwort«.

Eine Menge Definition in einem Satz. Doch dafür trifft er ins Schwarze. Es ist eine besondere Form, in der sich Gunther Klosinski im vorliegenden Band Ausdruck verschafft. Der Aphorismus ist ein wundersames Ding: Nicht lang, sondern kurz, nicht Ausuferung, sondern Konzentration, nicht Erklärung, sondern Idee, nicht Schwert, sondern Florett, nicht Pathos, sondern Lakonie, nicht Salbung, sondern Herzstich: Wie kommt ein berühmter Naturwissenschaftler, Kinder- und Jugendpsychiater, bekannter Fotograf und Künstler ausgerechnet auf diese Form des literarischen Ausdrucks? Ein Mann der Wissenschaft, deren Gesetze allen diesen Eigenschaften der literarischen Form zuwider laufen?

Hat doch der Wissenschaftler eine ganz andere Aufgabe als der Aphorismus-Autor: Er muss die optimale Vollständigkeit seines Vortrages beachten; die optimale Transparenz der Methoden sicher stellen. Und die optimale Nachvollziehbarkeit eines Ergebnisses ermöglichen – das ist Wissenschaft. Also letztlich Ausuferung der Sprache in der Kommunikation, um den Forderungen eben dieser Wissenschaft zu genügen.

Und nun also der Aphorismus aus Gunther Klosinskis Feder: Er ist die kürzeste, gedrängteste Form der Äußerung einer Idee. Er ist niemals vollständig, sondern nur Anfang; niemals alles über – sondern das Spezielle in; niemals fertiger Gedanke – sondern Aufforderung zum Tanz der eigenen Gedanken des Lesers. Und: Er konzentriert sich stets auf einen einzigen Gedanken.

Nichts Anderes macht übrigens ein guter Journalist, wenn er seinen Leser erreichen und bei der Stange halten will. In diesem Sinne ist der Aphorismus eine geradezu radikalisierte journalistische Form der Textproduktion. So wie STERN-Gründer und Chefredakteur Henri Nannen von seinen Reportern forderte, in Ihren Ausschnitten aus der Welt »auf den Punkt« zu kommen, so fordert der Aphorismus dies von seinem Autor: In einem Satz eine ganze Gedankenwelt aufscheinen zu lassen. Oder, wie Nannen das gesagt hätte: Nicht die ganze Kuh zu liefern, sondern den Maggi-Würfel. Gunther Klosinski weiß um die Virtuosität dieser Form. Um die Bedeutung des Maggi-Würfels als Konzentrat der Botschaft. Und um die Wirksamkeit des Inhalts. »*Aphorismen:* Mit Fallschirmen abgebremste geistige Geschosse«, so definiert er gleich zu Beginn seiner Sammlung von 432 Gedankenblitzen die Bedeutung ihrer Inhalte.

Die Kapitel handeln von Gott und der Welt. Sie tragen Überschriften wie: »Vom Reden und vom Schweigen«, »Von der Liebe und anderen Katastrophen«, »Von Psychiatrie und Seelenheil«, »Von gläubig Zweifelnden und zweifelnd Gläubigen«,»Von der Hoffnung und der Sehnsucht« sowie, von jenem Thema, das Leben und Sterben ganz umspannt: »Vom Tod und vom Leben«.

Gunther Klosinski gibt sich in seinen Sätzen die Freiheit, Welt und Wille abseits der Vorstellung von Wissenschaft zu definieren. »Aphoristiker sind Pointilisten. Sie gestalten Ihr Bild von der Welt mit voneinander unabhängigen Sätzen« schrieb einst Wilhelm Schwöbel, vor einigen Jahren verstorbener Molekularbiologe und Aphoristiker aus Tübingen. Und so wie der pointilistische Maler seine Punkte setzt, um sie zu einem Gesamtbild zu gestalten, so setzt Gunther Klosinski seine Gedanken, um ein Ideenbild des Menschen zu entwerfen. «*Vom Ziel:* Manch einer findet das Ziel, indem er den Weg verliert«, so definiert er das Lob des Umwegs. Als Gutachter in ungezählten Gerichtsprozessen hat sich Klosinski immer wieder von neuem tief in die Psyche und damit oft in die Unterwelt derjenigen Menschen begeben müssen, die er analysiert hat. So einem ist nichts Menschliches mehr fremd. Klosinski weiß um die Widersprüche des Menschen, seine Verletzlichkeit, seine Fixierungen, Ängste, Zwangshandlungen, Neurosen und Störungen: Er fasst es in die »*Späte Erkenntnis:* Allein durch das Ausprobieren von Sackgassen wird der Irrgarten vertrauter.«

Doch wohltuend genug macht er gerade das Pathologische nicht zum Thema seiner literarischen Arbeit. Seine Aphorismen weisen immer wieder auf den ganzen Menschen und das ganze Leben als Modell zurück, auch dort, wo der Arzt dichterisch diagnostiziert: »*Narzist:* Liebender, sich ohne Nebenbuhler wähnend.« Oder, seinem schwäbischen Umfeld geschuldet, die messerscharfe Analyse der hier in hoher Konzentration zu findenden Gläubigen mit pietistischem Hintergrund: »*Wahrer Pietist:* Sein Schuldgefühl, genügsam zu sein, ist unersättlich.« Das ist schön gesagt. Und treffsicher dazu.

Wie kommt der Autor zu dieser Treffsicherheit? Als Arzt, gewiss, gehört der diagnostische Blick zu seinen herausragenden professionellen Fähigkeiten. Aber dazu Aphorismen, solche Aphorismen zu schreiben, gehört mehr. Dazu gehört eine umspannende Kenntnis der Welt – und ihrer Gesetze. Eine umspannende Erfahrung mit Menschen – und ihren Handlungen. Und eine umspannende Bereitschaft, hinter dem Sichtbaren das Unsichtbare sehen zu können – und zu wollen. Gunther Klosinski bringt alles dies in seine Texte ein: Seinen klaren Blick auf die Menschen, ihre Hoffnungen, ihre Wünsche, ihr Scheitern. Sein weltumspannendes Wissen, gewonnen in zahllosen Reisen in die entlegensten Gebiete der Welt – bis nach Bhutan und Sikkim – die er seit Jahrzehnten mit seiner Frau, selbst bekannte Wissenschaftlerin, immer wieder unternommen hat. Nicht zuletzt auf diesen Reisen muss er seinen Sinn geschärft haben für die feine Linie zwischen dem Hier und dem Draußen, dem Erkennbaren und dem Unfassbaren, zwischen dem Profanum und dem Heiligen. Denn der Autor weiß um die »*Drei Dinge, die zählen (Drei-Ewigkeit):* Die Stille erlauschen, das Unsagbare verschweigen, das Unsichtbare verhüllen.« Das hat er in seiner langjährigen, wissenschaftlich fundierten Auseinandersetzung mit Religionen, Religiosität, Sekten und Götterglauben über die Kulturen hinweg erfahren. In seinen feinsinnigen Kommentaren blitzt so denn hier und da auch die Boshaftigkeit des Aphoristikers in elegantem Schwung auf. Etwa, wenn er sich mit der Frage von Schuld und Sünde auseinandersetzt. So definiert er unter der Vorzeile »*Vorsorge treffen*« dies als denjenigen Gedanken, »beim Sündigen die Hölle mitdenken« zu sollen. Kein schlechter Rat.

Klosinski lotet die Untiefen zwischen Geist, Religion und Kultur in jeder Fadenlänge aus. Für ihn definiert sich »*Kunstgenuss*« als »das Geheimnis, sich berühren zu lassen, um zu begreifen.« Damit schließt sich eine

Kette über den Germanisten Emil Staiger bis hin zu den frühesten Vertretern des deutschen Aphorismus: »Nur was uns ergreift, das können wir begreifen!« stellt Staiger fest und erklärt damit lange vor den Erkenntnissen der modernen Kommunikationsforschung, wie Texte beschaffen sein müssen, damit sie wirken sollen. Natürlich stellt der Aphoristiker in erster Linie den hintergründigen Gedanken in den Mittelpunkt seines Schaffens. Die literarische Form ist eine Aufforderung an den Leser, sich auf ein Gedankenspiel einzulassen. Es ist die Auseinandersetzung mit der geschliffenen Beobachtung oder auch Bösartigkeit, die der Autor seinem Leser anbietet. Doch das ist nur ein Teil der Wahrheit. In Wirklichkeit überfallen uns Gunther Klosinskis Aphorismen, indem sie ihrem Leser einen Herzstich verpassen. Gerade die Leichtigkeit Ihrer Form verdeckt dabei die tiefe Emotion, die sie in uns wecken. Für ihn ist die Beschreibung der »*Sehnsucht:* Den Durst in die Seele verlegen.« Nicht mehr. Nicht weniger. Aber so was sitzt.

Georg Christoph Lichtenberg, der Altvater und Urmeister des deutschen Aphorismus, hat genau diese Fähigkeit der literarischen Form zur Emotionalisierung bewundert und verteidigt. »Man muss keinem Werk, hauptsächlich keiner Schrift, die Mühe ansehen, die sie gekostet hat«, fordert er. Denn jenseits von gelehrter Grübelei ist der Aphorismus ein sprühendes Bekenntnis zur Leichtigkeit des Geistes. Der klassische Aphoristiker wusste halt, wie Kommunikation funktioniert. Seine literarischen Produktionsgenossen der Gegenwart wissen das ebenso. Das beweist dieses Buch, das Sie gerade in Händen halten.

Doch das Werk des Autors ist – aller stilistischen Leichtigkeit zum Trotz, so wie es Lichtenbergs Stilideal spiegelt – durchaus nicht aus Spinnweben gewirkt. Er weiß, handfest zuzupacken. Die Politik und ihre Floskeln hat er, ebenso wie ihre Lügen, mit scharfem Blick im Visier. Damit verteilt er verdiente Ohrfeigen. »*Alternativlos:* Es ist besser, in Frieden zu stolpern, als im Krieg zu fallen.« Für den Autor ist der »*Fahneneid*« ein »Öffentliches Gelöbnis, aufkommenden Ungehorsam standrechtlich erschießen zu lassen.« Was für eine gnadenlose Feststellung – die kann man wahrlich nicht in weniger Worten fabrizieren.

Auch für den Terrorismus hat der Autor ein bissiges Wörtchen parat: »*Terrorismus:* Eine Idee zum Leben bringen durch Sterben.« Wie wahr! Und welche Definition hat der Autor für einen Selbstmordattentäter bereit? Eine hübsche. Lesen Sie selbst: »*Selbstmordattentäter:* Einer, der die Adresse der Hölle mit dem Himmel verwechselt hat.« So etwas soll es geben.

Alle diese Beispiele zeigen: Aphorismen sind Worte wie Pfeile. Je spitzer sie sind, desto weiter fliegen sie. Gunther Klosinski bringt in seinem Band seine Aphorismen zum Fliegen. Ein Buch, das lohnt, es sich als dauerhaften Begleiter zu wählen. Und es mäßig, aber regelmäßig zu nutzen. Denn diese Aphorismen muss man schlürfen wie Austern. Und vor allem nicht zuviel in einer Dosis zu sich nehmen.

Dann tun sie das, was der Autor sich selbst offensichtlich als Ziel gesetzt hat in seinen Kabinettstücken deutscher Sprache – nämlich den Leser dafür zu sensibilisieren, dass er nicht jeder Mode auf den Leim krabbelt. Wie definiert Gunther Klosinski den herrschenden Zeitgeist? »*Zeitgeist:* Der Geist, der mit den Wölfen heult und mit den Lämmern blökt.«

Hören wir auf zu blöken. Und fangen wir an zu lesen. Es lohnt sich.

Christoph Fasel

Inhalt

Vom Reden und vom Schweigen 9

Von der Liebe und anderen Katastrophen 35

Von Psychiatrie und Seelenheil 47

Von gläubig Zweifelnden und zweifelnd Gläubigen 65

Von der Hoffnung und der Sehnsucht 81

Vom Tod und vom Leben 93

Nachwort 101

Mein Dank gilt allen, die beteiligt waren am Zustandekommen dieses Buches. Besonderer Dank gebührt meinem Freund Karl-Josef Kuschel, der mein Vorhaben von Beginn an unterstützte und mir Mut zusprach. Michaela König half bei der ersten Sichtung und Einteilung in die sechs Bereiche. Ohne den kritischen und kreativen Austausch mit dem Nachbarn und Freund Christoph Fasel in der Endphase wäre dieses Projekt wohl kaum zustande gekommen. Hervorragende Schreibdienste zur Erstellung immer wieder neuer Versionen leistete Gudrun Vorbrugg. Dank auch Hubert Klöpfer, meinem Verleger, und all seinen Mitarbeitern für ihre Anregungen und ihr Engagement beim Erstellen des Bandes.

© 2013 Klöpfer und Meyer, Tübingen.
Alle Rechte vorbehalten.
ISBN 978-3-86351-067-1

Umschlaggestaltung, unter Verwendung
einer Fotomontage von Gunther Klosinski:
Christiane Hemmerich Konzeption und
Gestaltung, Tübingen.
Herstellung: Horst Schmid, Mössingen.
Satz: CompArt, Mössingen.
Druck und Einband: Pustet, Regensburg.

Mehr über das Verlagsprogramm von Klöpfer&Meyer
finden Sie unter *www.kloepfer-meyer.de*

**Otto A. Böhmer
Hegel & Hegel oder
Der Geist des Weines
Erzählung**

152 Seiten,
geb. mit Schutzumschlag

»Der Wein hat manche große Tat hervorgebracht«,
so Georg Christoph Lichtenberg. Das gilt auch
für Georg Wilhelm Friedrich Hegel – und seine
»Drei-Liter-Philosophie«.

*»Eine kenntnisreiche und humorvolle Sicht auf Hegel mit
liebenswürdig beschwingten Grundton, der dieses kleine
bißchen Beschwipstsein verströmt, das dem Geist und der
Sprache Flügel verleihen kann.«* **Wiglaf Droste**

*»Ein beharrlich verfolgter, nicht ganz ernst gemeinter
Leitfaden durch Hegels Leben.«*
Frankfurter Allgemeine Zeitung

KLÖPFER & MEYER